L'INSTITUTION

DES ENFANS,

OU

CONSEILS D'UN PERE

A SON FILS.

Imités des vers que Muret a écrits en latin, pour l'usage de son neveu, et qui peuvent servir à tous les jeunes Ecoliers.

Par N. François (de Neufchâteau.)

A PARIS,

De l'imprimerie du cit. H. Agasse, rue des Poitevins, n°. 13.

An VI de la République Française.

L'INSTITUTION DES ENFANS,

O U

CONSEILS D'UN PERE A SON FILS.

L'auteur de ces quatrains ne s'est point proposé de rendre la précision, mais le sens et le sentiment des distiques latins du célebre Muret. Occupé d'un ouvrage intitulé : *Leçons des Ecoles primaires*, il en a détaché ce morceau, qui pourra servir également dans les classes latines et dans les écoles françaises. Il avait publié, dès 1783, l'Anthologie morale, recueil du même genre, qui a eu du succès, et qui doit reparaître corrigé avec soin.

I.

Mon fils, pour être heureux, comment faut-il s'y prendre ?
Si tu veux l'écouter, ton pere t'en instruit.
Retiens bien sa leçon ; mais c'est peu de l'apprendre :
Il faut que ta conduite en exprime le fruit.

2.

Avant tout, rends hommage au Créateur suprême.
Après Dieu, de tes jours révere les auteurs.
Honore tes parens. Dans tes maîtres, de même,
Vois tes premiers amis et tes vrais bienfaiteurs.

3.

Garde-toi de mentir : cette habitude est vile.
Elle aggrave les torts qu'elle veut déguiser.
La fraude est toujours basse et n'est jamais utile,
Au lieu qu'un franc aveu peut tout faire excuser.

4.

Chaque jour, sans manquer, exerce ta mémoire.
Est-il rien de plus doux que de beaucoup savoir ?
L'étude peut donner la fortune et la gloire ;
La science est encore au-dessus du pouvoir.

M. ANTONII MURETI

INSTITUTIO PUERILIS,

Comprehensa versibus ad captum Puerulorum, qui primis litteris imbuuntur, accommodatis.

Ad M. ANTONIUM Fratris Filium.

1.

DUM tener es, Murete, avidis hæc auribus hauri :
Nec memori modò conde animo, sed et exprime factis.

2.

Imprimis venerare Deum : venerare parentes :
Et quos ipsa loco tibi dat natura parentûm.

3.

Mentiri noli : numquam mendacia prosunt.
Si quid peccaris, venia est tibi prompta fatenti.

4.

Disce libens. Quid dulcius est, quàm discere multa ?
Discentem comitantur opes, comitantur honores.

5.

Si quelqu'un d'une faute a daigné te reprendre,
Rends-lui grace, et surtout tâche de profiter
Du service amical qu'il a voulu te rendre,
En ne l'exposant pas à te le répéter.

6.

Ne crois pas, en aveugle, à la feinte caresse
De celui qui te flatte, et qui veut te trahir.
On corrige un enfant, quand il nous intéresse :
Ménager ses défauts, mon fils, c'est le haïr.

7.

Mais l'adulation tend des piéges qu'on aime,
Qu'une fois on y tombe, on n'en peut échapper.
L'art des flatteurs n'est rien, sans notre faible extrême ;
Ils ne trompent que ceux qui se laissent tromper.

8.

Un misantrope aigri ne se fie à personne ;
Un fou croit tout le monde. Ils ont tort tous les deux.
Le soupçonneux mérite aussi qu'on le soupçonne,
Et le sort du crédule est toujours hasardeux.

9.

Si tu commets le mal, seulement en idée,
Songe de quels regards tu dois être apperçu.
La vigilance humaine est, en vain, éludée :
Dieu voit tout ; l'œil de Dieu ne peut être déçu.

10.

D'un secret confié respecte le mystere.
Des amis éprouvés ont sur toi du crédit ;
Tu leur ouvres ton cœur ; mais, toi-même il faut taire
Ce que tu ne veux pas qui puisse être redit.

11.

Garde ta vue, afin de garder ta pensée.
Des objets indécens ne sois pas curieux.
Lorsque l'honnêteté d'un spectacle est blessée,
Le cœur des spectateurs se corrompt par leurs yeux.

5.

Si quis te objurget, malè cùm quid feceris, illi
Gratiam habe, et ne iterùm queat objurgare, caveto.

6.

Ne temerè hunc credas, tibi qui blanditur, amicum.
Peccantem puerum quisquis non corrigit, odit.

7.

Qui semel incautum blando sermone fefellit,
Ille idem, dabitur quoties occasio, fallet.

8.

Nec cuivis sapiens, nec nulli credere debet.
Fallitur alter sæpè, fidem sibi detrahit alter.

9.

Si quid fortè mali facies, aut mente volutes,
Ut lateas homines, certè Deus omnia cernit.

10.

Non nisi spectatis arcana sodalibus effer :
Quodque tacere voles alios, priùs ipse taceto.

11.

Nil cupidè specta, nisi quod fecisse decorum est :
Turpia corrumpunt teneras spectacula mentes.

12.

A tout discours impur ferme aussi ton oreille,
Et de qui s'en amuse évite l'entretien.
Quand la pudeur s'endort, la débauche s'éveille ;
Jamais son style affreux ne doit être le tien.

13.

C'est l'étude, ô mon fils ! qu'il faut que tu préferes.
Combien de ses trésors tu dois être jaloux ?
Ses racines, d'abord, te sembleront ameres ;
Mais, dans peu, tu verras que les fruits en sont doux.

14.

As-tu joué ?...., du tems c'est un abus frivole ;
Que t'en reste-t-il ? Rien ; peut-être des regrets.
As-tu lu ?.... de l'emploi de ce tems qui s'envole,
L'utile souvenir ne s'efface jamais.

15.

On ne peut pas toujours se livrer à l'étude ;
Un repos ménagé remonte nos ressorts ;
Mais son excès produit une autre lassitude
Qui ruine l'esprit, en énervant le corps.

16..

Mon fils, les soins d'autrui se reglent sur les nôtres,
Et l'on fait son bonheur, en faisant des heureux.
Tu ne peux être aimé, si tu n'aimes les autres.
Veux-tu qu'ils soient pour toi ? montre-toi donc pour eux.

17.

Du méchant, quelquefois, la fortune est prospere ;
Mais son éclat ne peut éblouir ton regard.
Sois sûr qu'au fond du cœur, il porte une vipere
Qui le ronge, et qui doit l'étouffer tôt ou tard.

18.

Aimes-tu le repos, travaille en ta jeunesse ;
De ton loisir futur jette les fondemens.
Ce laurier respectable ombrage la vieillesse,
Quand on l'a cultivé dès les premiers momens.

12.

Averte impuris procul à sermonibus aures :
Et qui illis gaudent, horum consortia vita.

13.

Principio studii radix inamœna videtur,
Sed profert dulces parvo post tempore fructus.

14

Ludo indulsisti? Subitò evolat illa voluptas.
Legisti? Utilitas studio percepta manebit.

15.

Ut moderata quies prodest, viresque ministrat,
Sic hebetat corpus nimia, ingeniumque retundit.

16.

Si prodesse aliis studeas, tibi proderis ipsi :
At nisi ames alios, et te quoque nullus amabit.

17.

Successus faustos numquam admirare malorum :
Sera licet, tamen olim illos sua pœna sequetur.

18.

Si tibi grata quies, juvenis ne parce labori :
Dux ad honoratam est homini labor ipse quietem.

19.

Lorsque dans un miroir tu trouves ta figure,
Des dons extérieurs si tu peux t'applaudir,
Songe que la vertu doit être leur parure;
O mon fils! par tes mœurs trembles de t'enlaidir.

20.

Si la nature ingrate, en formant ton visage,
Ne t'a pas des dehors accordé l'agrément,
Embellis ton esprit, polis tes mœurs, sois sage;
Répare, par le fonds, le défaut d'ornement.

21.

Ce dont tu peux rougir, tu ne dois pas le faire.
Le mal, même secret, en existe-t-il moins?
A soi-même, jamais on ne peut se soustraire,
Et, dans sa conscience, on a mille témoins.

22.

Nous n'avons qu'une bouche, et notre oreille est double.
En nous formant ainsi, quel fut le but de Dieu?
L'homme, pour éviter la discorde et le trouble,
Doit écouter beaucoup, et doit parler très-peu.

23.

Mon fils, sois attentif, soigneux en toute chose :
Il faut revoir souvent ce qu'on veut conserver.
Vigilant sur ses biens, l'œil du maître s'oppose
A ce que des voleurs les viennent enlever.

24.

La paresse, d'abord, nous séduit et nous flatte;
Elle avilit bientôt qui s'en laisse enivrer.
Du pénible travail l'apparence est ingrate;
Mais il comble d'honneurs, quand on veut s'y livrer.

25.

Sois sobre; la sagesse, à tout âge, l'ordonne;
Mais, au tien, point de vin, s'il n'est noyé dans l'eau:
Au nectar de Bacchus, l'enfant qui s'abandonne,
Dans un brâsier ardent jette un brâsier nouveau.

19.

Inspice te in speculo : et bona seu tibi forma videtur,
Moribus obscœnis illam fœdare caveto.

20.

Seu tibi subtraxit vultûs natura decorem,
Ingenio ut formæ compenses damna, labora.

21.

Nil facito quod turpe putes fecisse videri :
Et cura, ut multis tibi sis pro testibus ipse.

22.

Ut nos pauca loqui, plura autem audire moneret,
Linguam unam naturæ, duas dedit omnibus aures.

23.

Quæ servare voles, ne crebrò invisere parce.
Namque minùs furem metuunt, quæ sæpè videntur.

24.

Blanditur primò, sed perdit inertia famam :
Aspera res primò est, sèd fert industria laudem.

25.

Aut vinum ne tange, aut multâ prolue lymphâ :
Cùm vino indulges, igni puer adjicis ignem.

26.

Joindre un air de douceur, avec un ton modeste,
C'est le moyen de plaire et d'avoir des amis.
On chérit la candeur; mais l'orgueil, qu'on déteste,
Gâte les plus beaux dons qu'en nous le ciel a mis.

27.

L'amour de l'or, mon fils, est d'une ame commune;
C'est l'amour des vertus que tu dois embrasser.
Elles peuvent toujours remplacer la fortune;
La fortune, jamais, ne peut les remplacer.

28.

De ce qu'on veut savoir la trace ineffaçable,
Quand on lit avec fruit, reste dans le cerveau:
Si tu lis en courant, tu graves sur le sable,
Ou tu veux, dans un crible, aller puiser de l'eau.

29.

Evite la colere, abhorre la vengeance,
Haineuses passions dont la honte est le prix.
Souvent ce qui nous fâche, est digne d'indulgence;
A l'injure il est beau d'opposer le mépris.

30.

Sur les monts élevés, l'aquilon brise, arrache,
Déracine les pins, les chênes, les ormeaux;
Dans le creux du vallon, l'arbrisseau qui se cache,
Voit fleurir, à l'abri, ses paisibles rameaux.

31.

L'ambition, de même, exposée aux tempêtes,
A de plus grands périls condamne la grandeur.
Des Pénates obscurs protégent mieux nos têtes,
Et la sécurité vaut mieux que la splendeur.

32.

Un enfant ne doit pas usurper la parole:
Son lot est d'écouter, de répondre à propos.
On connaît la sottise à son babil frivole,
Le véritable esprit s'explique en peu de mots.

26.

Fac tibi sit vultus comis, sermoque modestus :
Sic multos facilè tibi conciliabis amicos.

27.

Semper opum studio præfer virtutis amorem :
Non opibus virtus, sed opes virtute parantur.

28.

Disce, et quæ discis memori sub pectore conde,
Aut facies tantumdem ac si cribro hauseris undam.

29.

Irasci noli temerè : nil fœdius irâ ;
Quam quæcunque movere solent, ea temnere laus est.

30.

Venti agitant celsis positas in montibus ornos,
A quibus in mediâ tuta est arbuscula valle.

31.

Sic et opes agitant majora pericula magnas :
Tutior angustos comitatur vita Penates.

32.

Pauca loqui puero, sed tempestiva, decorum est :
Hac etenim ingenium res indicat, illa pudorem.

33.

Veux-tu savoir, mon fils, le chemin de la gloire,
De celle qui, du moins, tente un esprit bien fait ?
Aux hommes, garde-toi d'en vouloir faire accroire ;
Ce que tu veux paraître, il faut l'être en effet.

34.

A son maître, l'enfant qui tremble de déplaire,
Ne craint pas de souffrir un honteux châtiment.
Mais s'il ose braver une juste colere,
La rigueur, à regret, supplée au sentiment.

35.

Heureux le jeune éleve animé d'un beau zele,
En qui la vertu brille et devance les ans !
De tous ses compagnons, c'est le digne modele,
L'honneur de son logis, l'amour de ses parens :

36.

On le recherche, on l'aime, à le voir on s'empresse,
Et par les vœux publics, il se voit seconder.
Mais pour le lâche enfant qu'enchaîne la paresse,
En lui parlant, hélas ! on croit se dégrader.

37.

Malheureux, par sa faute, on le fuit, on le chasse.
Il est bientôt l'objet d'un mépris éternel ;
Et son pere lui-même, (ô comble de disgrace !)
Ne le voit presque plus d'un regard paternel.

38.

Une chûte premiere entraîne une autre chûte ;
Si l'on ne se corrige, on s'habitue au mal.
Mon fils, dès le principe, il faut qu'on s'exécute,
Ou l'on ne peut plus vaincre un penchant trop fatal.

39.

Mais ce n'est pas assez que d'être exempt de vice.
Quelques difficultés dont on soit combattu,
Rien ne doit écarter, d'un cœur jeune et novice,
Le desir, le besoin, le goût de la vertu.

33.

Scire cupis, quâ sit famæ via certa parandæ ?
Talem te præsta, qualem te poscis haberi.

34.

Verbera non metuet, metuet qui jussa magistri ;
Hæc qui contemnet, meritò miser ille timebit.

35.

Quàm felix puer est, virtus in quo anteit annos !
Illum omnes meritis certatim laudibus ornant.

36.

Et spectant cupidè, et felicia cuncta precantur ;
At contrà nemo alloquio dignatur inertes.

37.

Spernuntur cunctis, et vulgi fabula fiunt ;
Vix oculis pater ipse illos satis aspicit æquis.

38.

Non tantùm in præsens obsunt peccata : sed hoc plus,
Ad mala quod proclivem animum adsuetudine reddunt.

39.

Quæ bona sunt, sectare : etiàm si dura videntur
Principio : longus paulatim ea molliet usus.

40.

Du bien que l'on t'a fait, conserve la mémoire ;
En toute occasion, tu dois le relever.
Mais du bien que tu fais ne tire point de gloire ;
Laisse à d'autres que toi le soin de l'observer.

41.

S'il faut te décider, quand l'honnête et l'utile,
Paraissant opposés, te tiennent en arrêt,
Ta regle est dans ton cœur, c'est ton premier mobile ;
L'honneur, sans balancer, doit vaincre l'intérêt.

E N V O I.

42.

Je ne veux pas lasser ton oreille attentive ;
Je m'arrête. C'est peu que ces premiers avis ;
Mais, mon fils, que ton cœur s'en pénetre et les suive ;
Mes yeux, de tes progrès, seront bientôt ravis.

43.

Commence seulement, commence avec courage ;
Des obstacles, enfin, tu seras triomphant.
Obtiens que l'Eternel bénisse ton ouvrage ;
Offre à Dieu tes efforts, et deviens son enfant.

44.

Le matin, quand du lit tu sors avec l'aurore,
Le soir, quand le besoin t'invite au doux sommeil,
Dis-lui, du fond du cœur : « Dieu bon, Dieu que j'adore,
» Dirige mon travail, mon repos, mon reveil. »

45.

Ah ! si ton cœur est pur, si ton zele est sincere,
Le ciel, n'en doute pas, exaucera tes vœux.
Oui, mon fils ; l'Eternel, touché de ta priere,
T'enverra le bonheur des enfans vertueux.

46.

Dieu sait ce qu'il te faut beaucoup mieux que toi-même ;
Il te préservera de tout mauvais penchant,
Si tu te souviens bien que ce juge suprême
Doit couronner le juste et punir le méchant.

40.

Acceptum officium memora atque extolle : sed abs te
Collatum extenua, et potiùs sine prædicet alter.

41.

Utilitas quoties pugnare videtur honesto,
Ne dubitare quidem fas est, quin vincat honestas.

EPILOGUS.

42.

Pauca quidem hæc : sed quæ studio servata perenni
Mirificos fructus progressu temporis edent.

43.

Adspiret tantum cœptis Deus, omnia cujus
Consilio æterno et certâ ratione reguntur.

44.

Quem tu et luce puer primâ, cum strata relinquis
Impiger, et dulcem repetis cum vespere somnum,

45.

Supplicibus facito places ante omnia votis.
Ille tibi ingeniumque sagax, corpusque salubre,

46.

Et multò meliora dabit. Diffidere noli.
Tu modò ad illius semper refer omnia laudem.

EXTRAIT DE L'ANTHOLOGIE MORALE.

1. *D'un plan de vie.*

Prescris-toi pour toujours une regle certaine,
Un plan fixe et constant qui te serve de loi ;
Qui te suive au-dehors, quand le monde t'entraîne,
Et, quand tu restes seul, qui demeure avec toi.

2. *Pour qui sommes-nous nés ?*

Ce n'est pas à nous seuls qu'appartient notre vie.
De ces momens si courts il faut faire trois parts :
La premiere, en tribut, se doit à la Patrie ;
Une autre à l'Amitié, la troisieme aux Beaux-Arrs.

3. *De l'Amitié.*

L'homme veut partager sa joie et sa tristesse ;
Son cœur cherche un ami, surtout dans le malheur ;
Et le besoin d'aimer est, après la Sagesse,
Ce que Dieu même à l'homme a donné de meilleur.

4. *La vraie grandeur.*

Adorons un seul Dieu. Chérissons tous les hommes.
Servons la République. Honorons nos parens.
Sachons faire du bien dans la sphere où nous sommes.
Soyons justes surtout. Nous serons assez grands.

5. *Examen de chaque journée.*

Je suis plus vieux d'un jour. En quoi suis-je plus sage ?
Quel bien ai-je produit ? quel mal ai-je évité ?
Du jour qui vient de fuir ai-je fait quelque usage,
Et puis-je m'endormir avec sécurité ?

6. *De la Conscience.*

Contre la Conscience il n'est point de réfuge :
Elle parle en nos cœurs. Rien n'étouffe sa voix,
Et de nos actions elle est, tout à-la-fois,
La Loi, l'Accusateur, le Témoin et le Juge.

9 782019 258573